rundumflossen geliebt

Christine Hartlieb

rundumflossen geliebt

Limericks und andere Gedichte

A-2442 Unterwaltersdorf, Österreich
c.hartlieb@gmx.at
Verlag: BoD · Books on Demand GmbH, In de Tarpen 42,
22848 Norderstedt, bod@bod.de
Druck: Libri Plureos GmbH, Friedensallee 273,
22763 Hamburg
ISBN: 978-3-7693-2178-4

Inhaltsverzeichnis

Entgrenzung

Ich wünsch mir, die Welt stünde still.
Kein Reden, kein Rennen, kein Drill.
Gräserversunken –
blätterrauschtrunken –
verschwind ich im Sein, ohne Ziel.

Urlaubserlebnis

Ich urlaubte heuer auf Krk!
Das Boot war nicht dicht! Welcher Schrck!
So schwammen wir muntr
den Kvarner hinuntr.
Ein Wasserfleck blieb und viel Drck!

Beim Zahnarzt

Die Zahnarzttermine, die plagen
mich sehr und so wollte ich fragen:
"Ein anderer Termin?"
Bemüht war das Team:
"Wir können Sie gestern eintragen!"

Wer lenkt das Leben?

Die Macht meines Ichs ist sehr klein,
Kontrolle besteht nur zum Schein.
Ich kann nichts bestimmen,
die Kraft von tief drinnen
gibt vor, wie das Leben soll sein!

Kitzbüh'l

In Kitzbüh'l da fahren s' ein Rennen!
Vom Schi sollte man sich nicht trennen!
Ein Sturz wär fatal,
danach: ins Spital!
Doch bremst man, verlöre man Längen!

Der Totengräber

Er schaufelt und gräbt Tag und Nacht,
spart eisern und zäh für die Yacht.
"Corona bringt Geld!
Ich bin gar ein Held!
B 1.7.7., dank' dir!" – Er lacht.

Reinkarnation

Bin ich einmal tot, wünsch ich mir
geboren zu werden als Tier.
Ein Faultier – hab 's g'seh'n! –
liegt immer bequem!
Vielleicht geht es rasch mit viel Bier!

Waldbrände in Australien

Ein Bär läuft ganz schnell um sein Leben.
Die Gluthitze schlägt ihm entgegen.
Die Luft ist hellrot.
Sein Durst groß. Voll Not
geht 's heute dem Tode entgegen.

Beim Einschlafen

Ganz langsam versink ich im Schlaf,
ich falle ins Nichts. Und ich traf
auf viel Wärme und Weite.
Gottes liebende Seite?
Ich frag mich: Gott? – Ich? – Wer ist was?

Erweckung

Einst lebte 'ne Nonne alleine,
saß stets meditierend am Steine.
Sie blinzelt – erwacht.
Sie kichert und lacht!
Seitdem tanzt sie krumm sich die Beine.

Virusmutation

Zu Weihnachten blieb ich daheim.
Ein Feind schlich sich böse herein:
ein Feuer im Magen,
der Darm erhob Klagen!
Das Virus war fies und gemein!

Die Pläne schnell neu durchstudiert:
Das Essen wurd' selbst fabriziert.
Im Kerzenlichtschein
trat Stille dann ein.
Zum Freund ist der Feind nun mutiert!

Hundelärm

Einst lebte 'ne Frau in Pfaffstätten,
gleich neben den Nachbarn, den netten.
Ihr Hund bellte immer
und gackte ins Zimmer!
Die beiden sind nicht mehr zu retten.

Die Hunde dort bellen nicht lange,
des Nachts ist so manches im Gange.
Sie verschwinden im Nu,
statt Gebelle ist Ruh!
Es gruselt mich. Mir wird ganz bange.

Weisheit der Natur

Im Ort hier gibt 's sprechende Bäume.
Sie melden sich, wenn ich tagträume.
Wenn ich dringend was frag,
spenden s' hilfreichen Rat.
Das tut gut. Sind denn Träume nur Schäume?

Sternenhimmel

Ich zähle die Sterne statt Schafe,
denn unter dem Dachfenster schlafe
ich so gerne ein.
Mein Liebster kommt heim;
empfindet die Stille als Strafe!

Umzug

Es gibt in Pfaffstätten ein Haus,
von außen sieht es recht gut aus.
Doch die Keller sind nass,
und die Heizung dröhnt krass.
Der Schutzgeist des Hauses floh auch!

Der Riversurfer

Es surft am Kanal von Pfaffstätten
der Mann mit den weißen Haarecken.
Er kreuzt hin und her,
ist 's windstill noch mehr!
Zur Übung fürs große Haibecken!

Auf dem Dach gegenüber

Wo bist du nur Jimmy, mein Freund?
Herr Rabe, hast schon viel versäumt:
Den Falken! Die Stunde
der bellenden Hunde!
Dein Lieblingsplatz bleibt heut geräumt.

Versenkung

Den Morgen beginn ich mit Tee
im Dunkeln. Ruhig sitz ich. Ich seh
die Nacht schwinden.
Solch Stille zu finden
ist tagsüber schwierig. Herrje!

Protest

Der Luftraum hier wird kontrolliert!
Am Balkon! Von zwei Wächtern umschwirrt
räum ich schleunigst das Feld,
bevor einer mich meld't!
Bin im Bienenkampf nicht sehr versiert!

Ein seltsamer Traum

Im Traume da spielte ich Schach,
sogar ziemlich gut, doch dann: Ach,
der Läufer schlug drein,
mein Springer brach ein!
Die Dame gab auch noch ein Schach!

Erschrocken und wirklich in Not
war ich voller Angst! Bin bedroht!
Meiner Ruhe beraubt!
Ist Gewalt so erlaubt?
Gefahr in Verzug! Bin bald tot!

Ich ruf kurzerhand die Police:
Den Läufer befragt man präzis,
Die Queen wird verhört,
so wie sich 's gehört!
Der Unsinn mich aufwachen ließ!

Krieg ist

Ein Feuer war über dem Haus.
Es rauchte, sie schrien "Hinaus!"
Ich kann nicht so schnell.
Das Licht war so grell –
die Mama fiel – dann ging es aus.

Ganz nah zu der Mama kroch ich,
so still lag sie – und sie spricht nicht.
Die Füße wie Blei,
keine Regung, kein Schrei.
Ich kuschel mich an sie, ganz dicht.

Der Mann mit dem Helm trug mich weg.
"Ich bring dich zum sich'ren Versteck."
Wo soll das denn sein?
"Bitte nicht, ich will heim."
Im Herz ist ein tiefschwarzer Fleck.

Der Fremdwortspezialist

Frag mich, denn im Hirn bin ich fit!
Das Große Latrinum mich ritt!
Ich kann philolier'n!
Genital ist mein Hirn!
Effectus cum vino crescit!

Der Stotterer

Den Stotterer – wohnhaft in Ybbsitz –
erschlug fast, bei Donner und Starkblitz,
ein Baum. Sodann wählt er
den Notruf der Feu'rwehr.
Jedoch hielt man das für 'nen Flachwitz!

Der Stotterer starb an den Wunden.
Ins Telefon hatt' er gesungen
um flüssig zu klingen.
Das Stottern beim Singen
wird so nämlich stets überwunden.

Bücher recyceln

Ich lese gern Bücher, Journale.
Recht voll sind schon alle Regale.
Wer möchte sie haben?
Und kann sie wegtragen?
Ich geb auch was für die Geldschale.

Doch könnt ich die Bücher nicht waschen?
Die Buchstaben, wie lose Taschen,
sie lösten sich runter,
's ging' drüber und drunter.
Die Blätter wären leer gewaschen!

Die Waschmaschin' arbeitet schwer.
Im Schleudergang zwingt sie ein Heer
von badenden Buchstaben
zurück zum Papier zu traben.
Ein neuer Roman kommt daher!

Zwei Maler

Zwei Maler malten
sexy und wild
zu unbedacht ein
sinnliches Bild.

Das Spiel entglitt,
die Farbe zerfloss.
Im Meer der Liebe
der eine ersoff.

Liebesrausch

Wenn die Zunge vorsichtig ihr immerfeuchtes
Zuhause verlässt, um das Wagnis der Erkundung
in eine ungewisse Fremde anzutreten, begibt sie
sich neugierig wandernd

zum Schokoladeeis

flaumigweiche Berührung mit dem himmelzarten
Schnee

verzückender Liebesflirt in quälendem Verlangen

dann
im wonnigen Schokoladebad
suhlt sie sich

schmerzvoll schwankend
in zufriedenem Liebesrausch

rundumflossen geliebt!

Spiegel aus Wasser

Wie ein Spiegel aus Wasser
in Bächen herabfließender Tränen
hinein in einen See des Weinens,
der tröstend kühlt

Fingerabdrücke von Erinnerungen
vergangener Bilder von
gemeinsam erlebter Freundschaft
in strömend weicher Melancholie

Nasse Seele,
watend durch alte Sümpfe
in schluchzendem Gang
mit verschleierten Augen

Mit an die Oberfläche geschwemmt:
alte Schmerzen,
die geweint und endlich
ans Ufer gezogen werden wollen.

Unstillbarer

Meinen pulsierenden Sprint laufe ich
keuchenden Schrittes durch deine Tore
in dein Du hinein.

Als Weltmeisterin im Seelenlauf
mühe ich mich im Rad des Schicksals
jede Bestzeit zu überlisten,
hinter der Ziellinie deine Nähe erspähend.

In der rotierenden Monotonie der Fäuste,
im Schwung des Laufs und der sich
überschlagenden Gedanken lasse ich dich haltlos
in meine ozeanischen Tiefen strömen, verrückt
nach der Begegnung mit deinem Körper.

Gefangen ist mein Übermut
in der niemals versiegenden Quelle des
Springbrunnens, der Strophen eines Liedes von
in Flüssen rinnender Liebe singt, im langweiligen
Überschlag stetiger Erdumdrehung.

Tropfen um Tropfen
in die Fantasie der Ewigkeit,

die deinen Atem durch das durchlässige Gewand
meiner Seele haucht

unstillbarer ...
nach dir

Tötende Verpflichtungen

Verlassend den Ort der tötenden Verpflichtungen
und der blauschimmernden Höflichkeit,
den überdehnten Schlingen der stickigen
Fesseln aus Schuldigkeit entwunden,
entkommen dem verbalen Trott
einer langweiligen Belästigung,
die vernichtende Schläge
gegen die pochenden Schläfen knallte,

befreit von der Last des Geschwätzes,
endlich allein in atmender Luft,
wo einsam Gedanken auf weiter,
geheimnisvoller Straße sprießen,
die gefährlich Zurückgedrängtem
wieder Lebendigkeit verleihen,
in der das Ich sich wieder seinem Ich stellt,

in der Tiefe der Schwärze
des so falsch gegangenen Tages,
in der Wiederannäherung
an die farbengetränkte innere Welt,
fühle ich die Nähe meines schlagenden Herzens
und lasse es mich selbst erwärmen.

Gefühle voll Wein

Großer See eines salzigen Meeres,
ohne Worte,
mit Gefühlen voll Wein
und voll Hass.

Liebe zielt in Herzen hinein
um zu heilen und
um qualvollen Tod zu bringen.

Stachel des Feuers,
der dem dritten Auge entspringt,
in bebender Wut
zurückdonnert.

Abgeknickte Sonnen

Zeig mir den Weg aus dem Labyrinth,
diese Straße des fernen Glücks,
auf dem Baumstümpfe thronen,
schwer wie Wasserfälle, und welche
Bambussprossen tragen.

Abgeknickte Sonnen,
die vergeblich Licht suchen,
schon verstrahlte Milch trinken,
in der Glut des Todesfeuers.

Die Hölle muss nah sein,
die das Weinen des kleinen Kindes verschlingt,
und ihre Höhle öffnet, um das Baby
zu beschützen, wie die Urmutter.

Tragödie der Ewigkeit

Knackendes Geräusch unter den Zehen,
Kämpfe im Freien, in Zelten.
Fässer –
Pulverstöße wie Lanzen,
hinein
in die Tragödie der Ewigkeit.

Pirouette

Fallender Vogel aus Meer und felsigem Wind
hinein in den Körper
der sich drehenden Pirouette

Spielende Frau in leuchtendem Rot
diesen schwarzen Vogel, das Klavier,
sanfte Töne für die Schwünge der Flüge

Taste jenes liebevollst genommenen Klaviers
möchte ich sein
oder die im Rausch sich drehende Pirouette

um endlich zu verschmelzen mit dem
kosmischen Nest
aus Tänzerauren

Flüchtige Begegnung

Ein endlos kurzes Gespräch

inmitten eines
stehenden Bandes unserer
ausgestreuten Seelenperlen.

Im Versuch der Trennung
ein unscheinbarer Blick,
der von Sehnsucht spricht.

Liebe

Weitläufige Liebe, vergraben im Sand,
im Mondlicht erstrahlender Käfer,
der sich im Wasser krümmt.

Inmitten deines Körpers Schwüle,
im Feuer unserer Körper
lieben wir uns.

Küsse in dunkle Nächte,
in nasse Abgründe schwarzer Schatten,
wie Spinnweben zart.

Mund, der sich suchend verliert,
in den Augen tobt und
dich endgültig aufsaugt.

Alle Limericks entstanden zwischen 2020 und 2024.
Die anderen Gedichte sind aus dem Jahr 1991.